Qu'est-ce qui est plus grand que tout ?

(L'infini)

3ᵉ édition française

David E. McAdams

Copyright © 2025 David E. McAdams. Tous droits réservés. Aucune partie de ce travail ne peut être copiée, stockée ou transmise par quelque moyen que ce soit sans l'autorisation écrite expresse du détenteur des droits.

Autres livres de David E. McAdams

Apprendre les nombres: **Les Saisons d'Anna** – Amuse-toi à apprendre les chiffres de 1 à 9 avec Anna pendant ses balades à travers les saisons, pour les enfants de 2 à 7 ans !

Le Livre des Nombres Redneck – Un livre de maths tendre et rigolo qui apprend à compter avec l'humour léger et respectueux de la culture « redneck ».

Le Livre des Nombres des Extraterrestres – Présente les nombres de 0 à 10 avec une galaxie d'aliens bizarres et colorés venus tout droit de l'imagination.

Le Livre des Nombres des Elfes – Fait découvrir, de 0 à 10, les nombres avec de ravissantes illustrations d'elfes.

Le Livre des Nombres Licorne – Fait découvrir les nombres 0–10 grâce à de superbes illustrations de licornes réalistes.

Le Livre des Nombres Dragon - Fait découvrir les nombres 0–10 avec de superbes illustrations de dragons très réalistes.

Couleurs: Couleurs de perroquets, Couleurs de fleurs, Couleurs du cosmos, People Colors, Couleurs royales – Introductions au concept de couleurs. Pour les enfants d'âge préscolaire.

Arithmétique : Kit d'activités pour apprendre avec de l'argent fictif – Une fois qu'ils ont compris ce que l'argent peut faire, les enfants adorent l'argent ! À l'intérieur, trouvez des idées pour utiliser l'argent fictif pour aider à l'apprentissage des mathématiques.

Géométrie: **Formes** – Une introduction aux formes.

Patrons géométriques - Livre de projets (80 nets) – 80 filets géométriques à copier, découper et coller ensemble en polyèdres tridimensionnels.

Mes fractales préférées (tomes 1, 2) - Livres d'images de fractales merveilleuses présentées sous forme d'images haute résolution.

Théorie: Nombres – Un livre parfait pour débuter et découvrir le monde des nombres tout en s'amusant ! Recommandé pour les enfants de 5 à 7 ans.

Qu'est-ce qui est plus grand que tout ? (L'infini) – Une exploration fascinante du concept d'infini pour les esprits curieux de 6 à 8 ans.

Ensembles de balançoires (Théorie des ensembles) – Une introduction complète à la théorie des ensembles., conçue spécialement pour les élèves de 7 à 10 ans.

Leçons de vie: Si j'avais un monstre – Une histoire charmante où des monstres représentent les personnes importantes dans la vie d'un enfant. Un plaisir pour tous les âges.

L'Escalier vers les étoiles - À Bois-Chêneval, Tristan, sandales de paille aux pieds, rêve de toucher les étoiles avec sa calme détermination.

Pour les passionnés de mathématiques: **Le premier million de chiffres de Pi, Le premier million de chiffres de e, Le premier million de chiffres de la racine carrée de 2, Les cent mille premiers nombres premiers**

Autres : 241 labyrinthes – 241 labyrinthes ! rassemble 241 labyrinthes faits main pour divertir, défier et ravir les fans de puzzles de tout âge.

Pour une liste à jour des livres, visitez https://lifeisastoryproblem.tripod.com/aauthor/french.html.

C'est grand comment, "grand" ?

Est-ce que tu es grand ?

Tu es grand à côté d'un rat ?

Et à côté d'un éléphant, tu es toujours grand ?

Qui est le plus grand, toi ou ton papa ?

Qui est plus grand, ta maman ou une maison ?

Et qu'est-ce qui est plus grand, une maison ou une ville ?

Une ville ou le monde, lequel est le plus grand ?

Le monde ou le système solaire ?

Et un système solaire ou une galaxie ?

Alors… qu'est-ce qui est plus grand que tout ?

L'infini, ça veut dire plus grand que tout.

Tu sais compter jusqu'à 5 ?

Et un de plus que cinq tu sais ? Six, c'est un de plus que cinq.

Et un de plus que six, tu connais ? C'est sept !

Tu peux toujours compter un de plus à n'importe quel nombre.

Archimède disait : « Il y a toujours un nombre de plus. »

Il n'y a pas de dernier nombre, parce qu'il y en a toujours un autre encore.

Comme il n'y a pas de dernier nombre, les nombres sont infinis.

L'infini, c'est plus que tous les nombres que tu peux imaginer.

Tu peux imaginer assez de tortues pour recouvrir toute la Terre ? L'infini, c'est encore plus que ça.

Tu peux imaginer combien d'étoiles il y a dans cent milliards de galaxies ? L'infini, c'est plus encore.

L'infini, c'est toujours plus que n'importe quel nombre.

Activité avec les mains :

C'est grand comment, l'infini ?

1. Prends une feuille de papier et un crayon. Écris des chiffres dessus.
2. Combien de chiffres peux-tu mettre sur une seule feuille ?
3. Chaque chiffre rend ton nombre plus grand. Si tu écrivais des chiffres toute la journée, est-ce que ça ferait l'infini ?
4. Non, peu importe combien tu en écris, ce ne sera jamais l'infini.

Mots à retenir

Grand – quelque chose de gros par rapport à autre chose.

Plus grand – plus gros que quelque chose.

Infini – plus grand que tout ce que tu pourrais choisir ; qui ne finit pas.

Infini (idée) – le concept de quelque chose qui n'a pas de fin.

www.ingramcontent.com/pod-product-compliance
Lightning Source LLC
Chambersburg PA
CBHW050048080526
44586CB00014B/1513